I
AM
THE
WORK

Hoe te surfen op de golven van het leven
is voor velen dé grote uitdaging.

We hebben geen controle over de golven,
maar we kunnen wel steeds beter leren navigeren
door de uitdagingen die het leven ons brengt,
met een verrassend simpel, puur en krachtig kompas.

Of wacht...

Waarom zou
je eigenlijk?

Een way out

- Heb jij weleens dat het lijkt alsof het leven met je lijkt te dollen, je naar beneden trekt, je flink door elkaar schudt, dat je van voren niet meer weet dat je van achteren leeft, alsof je in een rollercoaster zit?
- Of dat er juist helemaal niets lijkt te gebeuren, het leven aan jou voorbij lijkt te gaan, dat je niet echt deelneemt aan het leven, dat jij er niet toe lijkt te doen?
- Of dat het leven meer van jou vraagt dan je het gevoel hebt aan te kunnen? Alsof je je eigenlijk iedere dag in tweeën zou moeten delen om aan alle verwachtingen te kunnen voldoen?
- Of dat je voelt dat je zoveel te bieden hebt, liefde te geven hebt maar dat het lijkt of niets of niemand in de wereld op jou zit te wachten?
- Of dat het lijkt alsof je helemaal geen zeggenschap hebt over jezelf en je leven, dat anderen of iets anders dat lijkt te bepalen, dat je je geleefd voelt.
- Of, of of....
- Of wellicht komt bij het lezen hiervan jouw eigen variant hierop in je op?

Dit soort gedachten en gevoelens kennen de meesten van ons.

Maar, hé.....er is een WAY OUT!

Sta eens stil bij de volgende gedachte: na íedere ademhaling, dus elke keer dat jij hebt in- en uitgeademd, is alles in het universum veranderd.

Het universum en het leven hebben één ding met elkaar gemeen en dat is dat ***het enige dat permanent is, is dat alles permanent in beweging is, verandert, transformeert.***

Nu vraag ik me af: heb jij weleens iets geleerd dat jou helpt om beter en fijner om te gaan met de voortdurende veranderingen en uitdagingen van het leven?

Als je antwoord 'ja' is, *lucky you.* Ik namelijk niet en de meeste mensen die ik in mijn leven ben tegengekomen ook niet. Dit maakt dat ik dat met veel vallen en opstaan heb moeten leren. Hierbij heeft het voor mij een groot verschil gemaakt dat ik een kompas van transformatie heb ontdekt; een magisch stuurwiel. Dit leren bedienen is wat mij betreft **dé ultieme levensvaardigheid!**

In dit boek lees je over dit magische stuurwiel dat jou misschien ook kan helpen. Duik in de wondere wereld van transformatie, ga het aan, beoefen het en beoefen het nóg een keer.

Neem niets klakkeloos van mij aan maar onderzoek het in jezelf en in je eigen leven. Want zo zul jij zelf ontdekken wat jij nodig hebt.

Essentie

Terugkijkend op het leven, is mij duidelijk geworden dat, áls het leven al een reden heeft, die reden is om ons te herinneren wie we werkelijk zijn en daarnaar te leren leven. Het leven heeft ook mij uitgedaagd én geleerd om terug te gaan naar mijn ware zelf en keuzes te leren maken die beter en gezonder zijn voor mij.

Ik zie het leven daarom als één grote masterclass die ons leert trouw te worden aan onze essentie. Want zolang we dat niet zijn, daagt het leven ons uit.

Leven vanuit essentie zie ik als een bewuste keuze om bewust te leven en bewust beslissingen te nemen op basis van wat echt goed voor mij is. En dat kun jij ook kiezen. Dat kunnen we allemaal, zodra we ons hiervan bewust worden.

Leren leven vanuit jouw essentie begint met bewust tijd voor jezelf vrijmaken. Ja, zo simpel is het. Dus even geen aandacht voor anderen en geen interactie (ook niet digitaal) met de wereld om je heen. Maar echt even helemaal stil staan en alleen zijn met jezelf. Het gaat hier tenslotte om jou.

Dit helpt je dichter bij jezelf te komen. Te gaan begrijpen wie jij werkelijk bent. Wie jou eigenlijk in de spiegel aankijkt. Hierbij ga je ontdekken wat jou werkelijk drijft, diep van binnenuit: wat zijn je gedachten, je gevoelens, je overtuigingen, je angsten, je patronen et cetera?

Ook sta je dan stil bij vragen als: 'Wat heb ik nou eigenlijk écht nodig?', 'Wat of wie is eigenlijk écht goed en gezond voor mij (en wat of wie niet)?', 'Waar verlang ik eigenlijk ten diepste naar in het leven en van het leven?'

Je ontdekt dan welke krachten jou diep vanbinnen drijven. Welke innerlijke obstakels jou belemmeren (ook wanneer je aanvankelijk niet eens weet of beseft dat je dergelijke innerlijke obstakels hebt). Wat jouw automatische 'triggers' zijn waarmee je jezelf tegenkomt in het leven.

Zo ontdek je steeds meer hoe jij het beste voor jezelf kan zorgen (en hoe niet). Echt goed voor jezelf zorgen kan namelijk alleen wanneer je jezelf ten diepste kent.

Want dan kun je met laserfocus je aandacht gericht houden op wat werkelijk belangrijk en goed is voor jou, los van wat jouw omgeving daarvan vindt en van jou verlangt. Dan kun je bewust besluiten waar jij jouw aandacht, tijd en energie in investeert. En in wat en wie níet. En wie je wel en wie je niet toelaat in jouw 'ruimte'. Dan leer je duidelijke grenzen stellen en kiezen voorrang te geven aan jouw fysieke, mentale, emotionele, relationele en spirituele welzijn.

Dít gaat over wat goed en gezond is voor jou.

Door in iedere situatie even opnieuw stil te staan en opnieuw bewust die keuze te maken die goed is voor jou, zul je merken dat hoe vaker je dit doet, hoe makkelijker je toegang krijgt tot deze keuzes.

Kies en creëer daarom dagelijks een moment, of beter enkele momenten, met jou alleen. Neem je tijd en rust om met jezelf te zijn en met jezelf in gesprek te gaan. Dat kan op je favoriete plekje thuis of op de bank, maar dat kan ook door in je eentje een activiteit te doen die jou leuk lijkt of altijd al leuk heeft geleken.

Het gaat om het vinden van jouw eigen pad. Al dan niet met gelijkgestemden met wie je waardevolle gesprekken kunt voeren. Richt je leven zó in dat het jezelf en je ziel vervult met blijdschap, plezier en diepe vervulling.

Spreekt jou dit aan?

Dan is de volgende vraag:

HOE
maak je de overstap van je huidige leven naar een leven vanuit je essentie?

Maar eerst: wees je eigen goeroe

These are days of great unrest in all walks of life.

– Harriette Curtiss (1856-1932), 'The Key to the Universe'

Deze uitspraak staat in het voorwoord van een boek uit 1915 en geldt, niet onwaarschijnlijk, voor vele tijden en plaatsen. Het is nu eenmaal zo dat het leven een risicovolle onderneming is; dat is door de tijd heen nooit veranderd. Het leven heeft voor ons allemaal uitdagingen in petto. Iedereen is op reis door het leven, elk van ons met zijn of haar eigen uitdagingen, wensen en verlangens. Velen van ons zijn op zoek, ernaar strevend er het beste van te maken. Dat is nu zo, en dat was 2500 jaar geleden ook al het geval.

In onze zoektocht wenden we ons vaak tot anderen voor inspiratie en begeleiding. Het is belangrijk om te beseffen dat dit ons kwetsbaar kan maken, vatbaar voor mensen die beweren alle antwoorden te hebben, en geneigd om hun meningen en adviezen over wat goed voor jou is en wat jij nodig hebt. Maar wat als je al hun tips opvolgt en je leven komt niet eens in de buurt van jouw (of hun) ideaal? Omdat er uitdagingen zijn die dat in de weg staan, welk gevoel geeft dat jou dan?

Het leven is *niet* iets dat je kunt controleren. Immers:

**Life is what happens to us
while we are making other plans.**

En dit is nou net het tegenovergestelde van wat succes-goeroes en lifestyle influencers je willen laten geloven. Namelijk dat jij het 'design' van jouw leven zelf in de hand zou hebben. Als je uiteraard maar hun tips naleeft.

In mijn coachpraktijk merk ik dat júist dit soort boodschappen vele (jonge) mensen ongelukkig maakt en hen het gevoel geeft niet te voldoen. Omdat hun leven mijlenver verwijderd voelt van het ogenschijnlijk succesvolle, populaire, rijke en gelukkige leven dat de door hen bewonderde influencers en goeroes lijken te leiden.

De werkelijkheid is dat het leven ons van alles geeft waar we niet op zitten te wachten en, omgekeerd, lang niet altijd geeft waar we naar verlangen. In de Boeddhistische leer wordt dit dan ook gezien als dé twee grote bronnen van lijden.

Het enige waar we invloed op hebben, is hoe we hiermee omgaan en de keuzes die we hierin maken. Maar als er allerlei grote uitdagingen op je pad komen, dan is dat echt niet zo eenvoudig.

In plaats van je tips of snelle antwoorden te geven, biedt dit boek een instrument waarmee je kunt oefenen en dat jou helpt jezelf te ontdekken en de antwoorden in jezelf te vinden. Het biedt een proces dat je alleen kunt verkennen of samen met een vriend(in).

Reis veilig

Wees en blijf je ervan bewust dat *shiny influencers, ontspoorde goeroes en valse profeten* slechts een klein deel van zichzelf laten zien. En bovenal: dat ze niet werkelijk geven om jouw welzijn, gezondheid, fortuin of geluk. Bedenk: jij bent meestal slechts een middel tot hún doel.

Onthou, om veilig te reizen voor je persoonlijke ontwikkeling en veranderingen in je leven:

- Geloof niets klakkeloos; onderzoek alles in jezelf.
- Jouw antwoorden zitten verborgen in jou: wat je op dit pad leert, is hoe je deze naar de oppervlakte kunt brengen en hoe je naar je innerlijk weten leert luisteren.
- Oprecht onderwijs voedt jouw innerlijke kracht en vergroot je onafhankelijkheid.
- De 'lessen' in dit boek bieden je hiertoe een basis met enkele essentiële sleutels.

Zodat dit jou op het spoor brengt van wat voor jóu werkt!

Als vuistregel:

**Believe nothing,
investigate everything.**

**Reject nothing,
integrate everything.**

(En: neem 'niets' en 'alles' met een korreltje zout. Het gaat om het idee; dit is niet iets dat in steen gebeiteld staat!)

Laten we beginnen met een oefening.

Doe deze met volle aandacht.

Lees eerst de instructie en voer het dan uit.

Ga comfortabel zitten, rechtop, in je kracht.

Sluit je ogen en breng je aandacht naar je buik.
*Als het je helpt, plaats een hand op je buik om je
aandacht daarheen te verplaatsen.*

Voel je in- en uitademing,
het zachte uitzetten en weer ontspannen van je buik.

Adem steeds langer, dieper en langzamer in en uit.

Voel je aanwezig, sterk, comfortabel én ontspannen.

Als je zover bent:

kijk dan naar het model op de volgende pagina,
herhaal langzaam, woord voor woord,
de volgende zin (kan ook in stilte):

I AM THE WORK

Voel de trilling van de woorden in je lichaam,
laat ze in je resoneren, net zolang totdat je ze echt begint te voelen.

I
AM
THE
WORK

Het werk waar het in het leven werkelijk om gaat, is niet het werk waarmee je je rekeningen betaalt. Dat is slechts een middel tot een doel.

Het werk waar het écht om gaat, dat ben...

JIJ

Jij dus!
Jouw werk voor
jouw gezondheid:

fysiek
geestelijk
emotioneel
relationeel
spiritueel

'Ἐννέα' is Grieks voor negen

Het magische wiel bestaat uit negen punten op een cirkel waar je langs navigeert in iedere volledige transformatie.

De werkelijke volledige naam voor dit magische wiel is eigenlijk het **'EnneaFlow Transformatief Procesmodel***'.

Dit beschrijft een proces dat zich ontvouwt of stroomt ('flowt') via negen fasen ('Ennea'). Volgens deze filosofie bestaat een volledig proces uit tien fasen (tien want de cirkel begint én eindigt op punt 9). Hierin worden natuurwetten ('krachten'') onderkend die in ieder veranderingsproces spelen. Deze beïnvloeden hoe processen zich ontvouwen, hoe het één voortvloeit uit het ander, en zorgen ervoor dat zo'n proces stroomt. Of stopt.

Deze fasen zul je misschien wel herkennen als je verderop in dit boek erover leest. Alleen was je je tot nu toe waarschijnlijk onbewust dat en hoe deze wetmatigheden samenhingen. Vaak was het misschien maar lastig te begrijpen wat er nou eigenlijk speelde en waarom. Herken je dit?

Maar dit magische wiel werkt zo simpel en tegelijk zo krachtig! Je zult dit gaan ervaren als je hier bewust mee leert werken. Dit

---

* Typisch Coachen, Typisch Counselen, 2013, p. 73

model draait en beweegt als een magisch wiel. Zoals alles om je heen draait en beweegt. Denk maar aan de kosmos, de aarde en de planeten; je bent hier immers onderdeel van.

Met het magische wiel in handen kun je straks bewust navigeren door de fasen van transformatie. Je leert in dit boek deze fasen te 'processen', zowel binnenin jezelf als in je leven in de buitenwereld.

Weet dat iedere fase specifiek is. Iedere fase vraagt om iets anders; een andere focus en een andere beoefening. Door de oefeningen in dit boek te doen en de vragen te beantwoorden leer je de fasen kennen en leer je te navigeren. Met enige oefening zul je straks vast herkennen in welke fase je je op een bepaald moment in je leven of in een bepaalde situatie bevindt. En, dan weet jij straks dus ook wat jou dán te doen staat.

Let op: dit werkt alleen als je iedere fase echt de juiste aandacht schenkt en werkelijk het werk doet dat daar te doen is. Dus als je hiermee sjoemelt of een fase overslaat, dan brengt het je niet wat het je zou kunnen brengen. Eén van de wetmatigheden die hierin zit, is namelijk dat een transformatief proces vertraagt of zelfs helemaal stopt wanneer een fase niet, niet volledig of niet oprecht wordt behandeld.

Dus, wanneer je het gevoel hebt dat iets je tegenzit, of dat je inner- lijke reis hapert, pak dan dit model er weer even bij. Bedenk dat je op elk moment kunt bekijken in welke fase je zit. En dan nagaan of er een fase is die je onvoldoende aandacht hebt gegeven. Doe je dat alsnog, dan zul je merken dat het proces weer gaat stromen en dat je weer verder kunt gaan.

Je zult gaan ervaren dat hoe meer je hiermee gaat werken, hoe handiger je ermee wordt, en hoe krachtiger dit op het eerste gezicht zo simpele model voor je gaat werken.

Word je al nieuwsgierig?

Het magische wiel

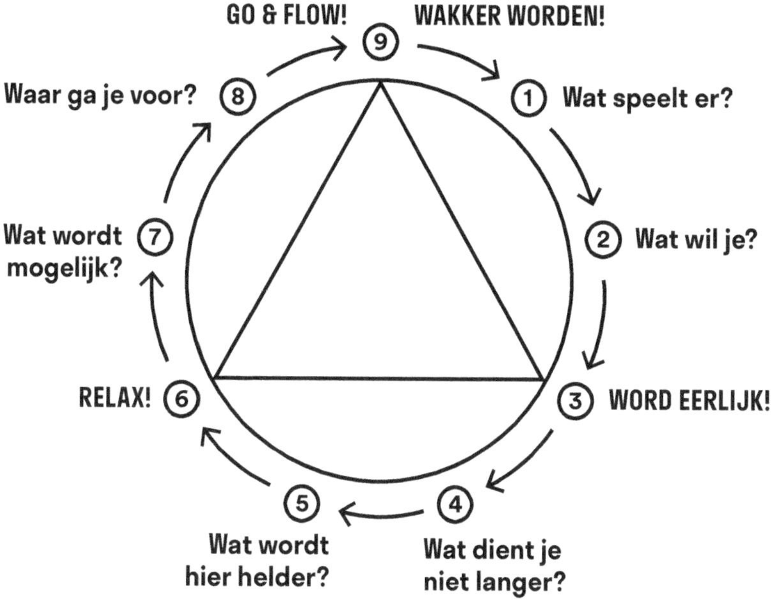

THE
WORK

Voordat we aan de slag gaan

Hierna loop je stap voor stap door de tien fasen van *het magische wiel*. Bij elke fase staan we stil. Eerst kun je lezen wat die fase inhoudt. Vervolgens kun je je verdiepen in verschillende vragen die jou helpen te onderzoeken hoe die fase bij jou werkt of waar het bij jou in die fase over gaat.

Voordat we daarmee beginnen, zijn hier eerst nog enkele belangrijke uitgangspunten. Deze kun je als bakens in je achterhoofd houden voor houvast tijdens je reis.

* Onthou dat, net als in het universum, alles continu verandert. Dus ook in jou, in jouw leven en in de wereld om jou heen. Na elke in- en uitademing is 'de wereld' niet meer hetzelfde als daarvoor. Of je je hiervan bewust bent of niet; dit is hoe het is.

* Transformaties kunnen zowel (on)gewenste veranderingen zijn die voortkomen uit gebeurtenissen in de buitenwereld, als transformaties die jij juist wenst en zelf in gang brengt.

* Kies, om te oefenen met *het magische wiel*, een situatie of een veranderingsproces in je leven. Dit kan gaan om iets dat nu actueel is of één uit je verleden. Welke 'case' je kiest maakt niet uit voor de oefening.

- Aan het eind van de beschrijving van iedere fase in dit boek vind je vragen die betrekking hebben op 'het werk' in die fase en die jou helpen om stil te staan bij wat er bij jou op dat punt speelt.

- De vragen zijn zo algemeen mogelijk geformuleerd dus kijk vooral welke vragen voor jou en jouw vraag van toepassing zijn op dat punt. Formuleer en beantwoord bij een fase vooral zelf die vragen die daar voor jou het relevantst zijn.

- Gebruik het **My IATW Journal** (behorend bij dit boek) of een ander notitieboekje dat je alleen hiervoor gebruikt. Schrijf hierin al je waardevolle inzichten, oefeningen en gedachten. Dan kun je deze later nog eens teruglezen of aanvullen.

- Voor ieder punt op *het magische wiel* is een muzieknummer gemaakt. In iedere fase is ander werk te doen, en dit geeft een andere energie, gedachten of gevoel. Muziek kan hierbij helpen. Je kunt onderzoeken of dit voor jou werkt. Probeer het eens uit om, voordat je de vragen van een fase gaat beantwoorden, eerst de muziektrack van die fase op je te laten inwerken.

- Of wellicht werkt het voor jou juist beter om de muziektrack van een punt ná het reflecteren op de vragen van dat punt op je te laten inwerken. Waar het om gaat is wat voor jóu werkt.

- Hoewel we in dit boek de tien fasen van *het magische wiel* in volgorde doorlopen, kun je zodra je bekend raakt met het model, kriskras door de fasen lopen en aandacht besteden aan wat op dat moment voor jou aan de orde is.

◆ Het belangrijkste is om te werken aan datgene of die fase die op dat moment voor jou speelt. Of waar je plotseling inzichten voor krijgt. Je kunt dus heen en weer bewegen tussen alle fasen totdat je voelt dat het helemaal duidelijk en uitgewerkt is voor jou.

◆ Je kunt deze oefening ook samendoen met een vriend(in), partner, collega; iemand bij wie je je op je gemak voelt en die je verder kan helpen. Ook kunnen jullie elkaar verder helpen en elkaar helpen groeien.

◆ Het ontdekken van de tien fasen in elk transformatief proces kan een ware gamechanger voor je worden. Stel je voor dat je straks in staat bent deze fasen direct te herkennen als er iets speelt in een bepaalde situatie of relatie. Dat je dan kunt denken: "Oh wacht, dit is gewoon fase 4 of fase 6 wat er nu speelt!' En wanneer jij straks weet welke fase aan de orde is, dan weet jij ook welk werk je dan te doen hebt.

◆ Zie en benader het als een spel. Spelenderwijs kun je leren om bewust(er) te leven en om met het leven te spelen zoals het leven met jou speelt. Als een dans waarbij jouw leven je danspartner is: je leert de stappen en volgt het ritme. Zo ben je samen in harmonie en kom je in flow.

◆ Zoals met alles: hoe vaker je hiermee bezig bent en oefent en hoe meer aandacht, tijd en energie je investeert, hoe meer je eruit zult halen en hoe vaardiger je hierin wordt.

Tot slot en belangrijk: zodra je merkt dat jouw proces stagneert, neem dan opnieuw de tijd om alle voorgaande fasen nog eens rustig na te lopen. Misschien is er een fase die je tóch nòg onvoldoende bent aangegaan of waarvan je de vragen onvoldoende hebt beantwoord. Het kan zomaar zijn dat dit een fase betreft waar je vanuit je persoonlijke voorkeur minder zin in had om écht aandacht aan te besteden; die hebben we namelijk allemaal. Vaak is dit de reden waarom processen vertragen of stoppen.

Tot slot: lees dit boek 3 keer!

* De eerste keer luchtig om jezelf een globaal eerste beeld van de inhoud en het werk te vormen.

* De tweede keer met bewuste aandacht om het werk te gaan oefenen en een eerste keer te ervaren.

* De derde keer grondig om jezelf dit werk werkelijk eigen en meester te maken.

Dus, waar wacht je nog op? Duik er gewoon in, en je zult zien hoe het voor je begint te werken.

Hey jij! Word wakker!

De weg van
BEWUSTZIJN

We beginnen bovenaan de cirkel in fase 9.
Hier begint de EnneaFlow Transformatief
Procesmethode. Fase 9 staat symbool voor
het 'in rust zijn': het leven gaat zoals het
gaat, het kabbelt voort, of dit nu op prettige
of onprettige wijze voor je is. Je leeft als het
ware in een geautomatiseerde staat van
zijn, vanuit vaste routines, zonder veel na te
denken, accepterend wat er is en hoe het is.
Het is geen vraag of je hier happy mee bent
of niet, het is zoals het is, dag in dag uit. En
stel dat je er niet echt happy mee bent, je
ziet geen way out, zo is het leven blijkbaar
dus ga je door, dag in dag uit. TOTDAT...

Wacht, eerst een kleine break voor een oefening:

Voel je voeten op de grond. Sluit je ogen even.

Recht je rug, leun niet, zit op jezelf, voel je krachtige rug.
Adem steeds langzamer, steeds langer, steeds dieper.
In... uit...
Ontspan je schouders en nekspieren.
Laat even alle spanning van je afvallen.
Maak je gezicht zacht, breng een glimlach op je gezicht.
Neem hier een moment voor jezelf.
Even gewoon zitten en 'zijn.'

Lees pas verder als je even écht met jezelf hebt gezeten.

Haal dan drie keer diep, krachtig, intens adem.
Laat dan de volgende vraag op je inwerken:

'Waar de f*ck STA ik nu eigenlijk in mijn leven?'

Misschien kwam er iets bij je op, misschien niet.
Dat is gewoon en oké bij dit soort oefeningen.

Is misschien één van de volgende zinnen herkenbaar of van toepassing op jou? En zo niet, hoe luidt jouw versie van één van de volgende zinnen?

- Het leven lijkt aan mij voorbij te gaan, alle mogelijkheden die er zijn kunnen mij overweldigen, het lukt me niet om te kiezen, om deel te nemen of in actie te komen.

- Mijn leven leek op koers zoals ik dat wilde, maar plotseling, door iets, voel ik me ineens in een vrije val beland, alle grond is onder mijn voeten vandaan geslagen.
- Ik probeer iedere dag weer te voldoen aan alle onophoudelijke eisen en verwachtingen van de buitenwereld, ik voel me vaak leeg als een uitgeperste citroen maar wat wil ík? Eigenlijk heb ik geen idee.
- Ik heb alles wat je maar kan begeren. En toch, toch voel ik me soms wat leeg, onbestemd of zelfs ontevreden. Hoe kan dat nou? Misschien voel ik me hier zelfs schuldig over want ik heb het immers zo goed en makkelijk vergeleken met anderen dus ik heb helemaal geen reden om me niet blij te voelen.
- Ik voel me totaal gelukkig, ik leef in sync met wat ik diep voel waarvoor ik hier ben.

Het punt van te leven op onze automatische piloot is dat dit onze grootste bron van lijden vormt én dat we hierin meestal vastzitten, ook zonder ons dit bewust te zijn. 'Gevangen zitten' uit zich ook in alle verhalen die we blijven herhalen; we zien *the way out* immers niet. Welnu, het leven 'op de automatische piloot' is hét recept om ons gevangen, stuurloos, leeg, geleefd, uitgebrand, overbodig of gewoon volkomen alledaags te voelen. En wat het punt hiervan is?

Juist dit lijden kan ons wakker maken uit onze slaaptoestand.

Als je hier even over nadenkt: waarom zóu je uit je roes willen komen als deze roes prettig, veilig of makkelijk voelt? Of wanneer je, met je blik gericht op de vrijdagmiddag en het weekend, jezelf wel weer door je 'werkweek' heen sleept? Ja toch?
Tenzij iets of iemand je een ruwe duw geeft waardoor je 'wakker

wordt' en je de realiteit ineens wel onder ogen ziet. Of wanneer de prijs van te leven op de autopilot voelbaar te hoog wordt en niet meer voor je valt vol te houden. Of het leven zelf jou confronteert met een crisis. Bijvoorbeeld een gebroken hart, het verlies van een dierbare, baan of huis. Of iemand die jij volledig vertrouwde je heeft bedrogen. Omdat jij in slaap was en niet bewust van wat er gaande was. Maar weet:

Iedere crisis is een wake-upcall!

'Wakker worden' is in de wereld van spirituele groei de eerste en meest cruciale stap op de reis. Fase 9 staat symbool voor het begin van een transformatieproces. Zonder wake-upcall geen reis, geen groei, geen transformatie. Zo simpel is het.
Dus, dit is hoe het werkt:

Je slaapt – je lijdt –
het lijden maakt je wakker – en BAM...

Je reis begint.

Dat wil zeggen... je reis begint alleen

ALS jij daartoe besluit.

Je kunt er immers ook voor kiezen je weer prettig om te draaien en verder te slapen, weg te kijken, het nare gevoel weg te stoppen en te doen of er niets aan de hand is. Dit is wat de meeste mensen doen.

Waarvoor kies jij?

* Voor wat of wie was (of ben) ik 'slapend'?

* Wat neig ik over het hoofd te zien? Of wat heb ik mogelijk (lange tijd) over het hoofd gezien of genegeerd?

* Wat zorgt ervoor dat ik mezelf verdoof en op de automatische piloot ga?

* In welke situaties; waar, wanneer of bij wie schiet ik in de verdoving, val ik 'in slaap' en ga ik op automatisch?

* Wat ligt aan de basis van mijn worstelingen of mijn lijden? Waar gaat dit over? Wat ga ik uit de weg?

* Hoe of waarmee verdoof ik mezelf of ga ik op de automatische piloot?

* Wat zijn signalen dat ik mezelf verdoof en op de automatische piloot ga?

* Wat of wie heeft mijn wake-upcall getriggerd? Waarom heeft dit me wakker geschud?

* Wat doet deze wake-upcall mij realiseren?

* Waarvoor ben ik nu wakker geworden of waar ben ik nu bewust van geworden?

Wat speelt er?

De weg van
VERKENNING

Als je in fase 9 wakker bent geworden,
of zelfs wakker geschrokken, dan komt
hierdoor energie vrij. Energie die jou kan
helpen of die jou 'aanzet' om op onderzoek
uit te gaan. Eenmaal wakker geschrokken
kun je je ineens van alles afvragen: 'Wat
is hier eigenlijk aan de hand?', 'Wat speelt
hier?', 'Wat is hier het probleem?' et cetera.
Zodra dit bij je opkomt, ben je beland in
fase 1.

Fase 1 staat symbool voor de probleemverkenningsfase. In deze fase ga je de situatie (of je relatie(s)) onder de loep nemen. Het kan hier voelen alsof je door een storm zeilt en naarstig op zoek bent naar een beschutte plek om grip te krijgen op alle chaos. Je zoekt duidelijkheid over wat er precies om je oren giert.

In fase 1 ga je eigenlijk de Sherlock Holmes in jou activeren. Hier kan het helpen als je een vriend(in), broer/zus of coach hebt die jou kan helpen in deze detectiverol. Het is namelijk cruciaal om zo goed mogelijk te begrijpen wat de kern van jouw probleem of uitdaging is. Welke factoren allemaal meespelen. Om dit te bereiken, moet je eerst een zo goed en volledig mogelijk overzicht krijgen van álles wat er speelt; 'de hele olifant in beeld'. Er 'moet' iets veranderen maar wat?

Dit begint met een oriëntatie op de buitenwereld, het stellen van de juiste vragen en het in kaart brengen van alle details. Dit kan betekenen om terug te gaan naar 'toen het nog goed was', naar de oorzaak van waar en hoe 'het' begon, het maken van een tijdlijn van de gebeurtenissen, wat de andere persoon deed of zei, hoe jij reageerde, wat je zei, wat je deed, of juist niet, enzovoort. Terugkijkend realiseer je je misschien ineens het belang van bepaalde gebeurtenissen of acties die op dat moment niet belangrijk leken. Het doel van deze fase is dus om de hele situatie duidelijk in beeld te krijgen, een continue dans tussen:

Inzoomen op de details.
Uitzoomen naar het volledige beeld.

Maar al te vaak is hier ons eerste instinct om met de vinger naar anderen te wijzen; 'de buitenwereld'. We neigen in te zoomen op wat anderen (niet) hebben gedaan of (niet) hebben gezegd. Het is namelijk zo makkelijk en comfortabel om onze eigen rol te negeren en daaraan voorbij te gaan. Maar hier is het punt: het erkennen van jouw rol, jouw aandeel – hoe moeilijk dat ook mag zijn – is uiteindelijk de ware gamechanger. Onthoud:

Alleen wat je van jezelf kunt herkennen
en erkennen kun je veranderen.
Waar je je ogen voor sluit of ontkent,
blijft jouw leven bepalen en jou beperken.

Het kunnen erkennen van jouw rol is een krachtige daad. Als je problemen alleen maar als 'van buitenaf' kunt zien, dan loop je het risico je machteloos te voelen, of zelfs jezelf tot slachtoffer te maken, omdat je immers alle zaken die buiten jouzelf liggen niet kunt beheersen.

Het erkennen van jouw deel kan een bittere pil zijn om te slikken, maar het geeft je wel het stuur in handen. Deze reis is ook *not a walk in the park*. Dit vereist echte oprechtheid, discipline én moed.

Het vergt om de diepten van je geest te doorgronden; je angsten, drijfveren, en de ongeziene facetten van je karakter onthullen. Maar:

Zodra je het weet, kun je het zien.
Zodra je het begrijpt, kun je ernaar handelen.
Zodra je het meester bent, kun je het zijn.

Het eerste om van je ego te begrijpen is dat deze jouw 'geïdealiseerde zelfbeeld' najaagt. Een zelfbeeld waarvan je je waarschijnlijk niet eens bewust bent. Dit is, wie jij diep van binnen denkt te moeten zijn om het waard te zijn om gezien, gehoord, gewaardeerd en geliefd te worden. Om erbij te mogen horen. Je realiseert je dit waarschijnlijk niet, maar onbewust werken we constant naar ons geïdealiseerde zelfbeeld toe.

TEST Welke zinnen raken een snaar in jou?

☐ Ik ben een goed mens, ik doe altijd (hard) mijn best om het juiste te doen.

☐ Ik ben een vriendelijk mens, ik vind het fijn zorgzaam naar anderen te zijn.

☐ Ik ben een competent mens, het geeft me energie succes na te streven en succesvol te zijn.

☐ Ik ben een bijzonder mens, op mijn levenspad ben ik op zoek naar waar het echt om gaat.

☐ Ik benader zaken rationeel, ik hou van (objectieve) feiten en kennis verwerven.

☐ Ik ben een voorzichtig mens, ik ben mij bewust van risico's en daarom bereid ik mij goed voor.

☐ Ik hou van vrijheid, van leuke onverwachte verrassingen, ik zie altijd hoe het anders kan.

☐ Ik ben een standvastig persoon, ik hou van impact maken en anderen uitdagen.

☐ Ik ben een relaxt en tevreden mens, ik hou bovenal van een vredig en harmonieus leven.

- Welke factoren of personen zie ik als oorzaak van de situatie, uitdaging of crisis?

- Als ik een tijdlijn maak van de situatie, uitdaging of crisis; hoe ziet die er dan uit?

- Wat en hoe draag ik zelf bij, of heb ik bijgedragen, aan deze situatie, uitdaging of crisis? Wat was of is mijn rol daarin?

- Wat zei ik of deed ik? Of wat zei of deed ik juist niet?

- Zijn er specifieke onderwerpen, situaties of personen die mij in het bijzonder triggeren?

- Wat is mijn automatische reactie, zowel van binnen als naar buiten toe, wanneer ik getriggerd word?

- Wat zijn mijn kwaliteiten en vaardigheden?
  Wat vind ik lastig? Of waarin schiet ik tekort?

- Hoe omschrijf ik mijn geïdealiseerde zelfbeeld?
  Wat streef ik eigenlijk na van hoe anderen mij zien?

- Als ik uitzoom; is er een verband tussen het nastreven van mijn geïdealiseerde zelfbeeld en de situatie, uitdaging of crisis en zo ja, welke is dat?

Wat wil je?

De weg van WILSKRACHT

Nadat je inzicht en overzicht hebt gekregen in fase 1, ga je naar Fase 2. Zodra we een beter beeld hebben van wat er aan de hand is, verschuift de aandacht naar vragen als 'En wat wil je hier nu eigenlijk mee?', 'Wat is nou eigenlijk écht belangrijk voor je?', 'Wat heb je nou écht nodig?', 'Wat is eigenlijk goed of gezond voor jou?' en 'Wat zijn jouw behoeften, wensen en verlangens?'. Ook dit is een fase waar we vaak de hulp van een ander goed kunnen gebruiken om de antwoorden op deze vragen helder te krijgen.

Het echt begrijpen en kennen van je behoeften en verlangens is namelijk niet bepaald eenvoudig. Hiervoor moet je in contact zijn met je lichaam en instincten. Velen van ons zijn die verbinding verloren. Dit kan komen door de manier waarop we zijn opgevoed; door onze ouders maar ook door onze omgeving zoals school. Velen van ons is geleerd onze gevoelens te onderdrukken en te leven naar de wensen en prioriteiten van 'de buitenwereld'. Dit heeft ons gevoelig gemaakt voor wat er van ons wordt verwacht.

Herinner jij je de impulsen die jij als kind voelde? Velen van ons werd verteld deze te negeren; stil te zitten wanneer ons lichaam wilde bewegen of spelen. Velen van ons ontvingen boodschappen die ons vertelden dat we geen goede kinderen waren als we onze eigen behoeften, impulsen of ideeën leefden en nastreefden. Komt dit jou bekend voor?

Voor velen van ons hebben deze ervaringen bijgedragen aan het wegdrijven van ons ware zelf, en het is niet onwaarschijnlijk dat dit ook op jou van toepassing is. Misschien ben jij ook aangemoedigd om niet te luisteren naar het voelen van wat JIJ echt wilt en nodig hebt. In plaats daarvan paste je je aan, liet je je leiden door de verwachtingen van anderen en gaf (geef) je er onbewust voorrang aan om hen te behagen. En dit kan ook gelden voor mensen van wie je veel houdt, bijvoorbeeld je ouders, geliefde of vrienden.

Het is zoveel makkelijker om prioriteit te geven aan de agenda's van anderen dan om te letten op je eigen verlangens en behoeften en op te komen voor jezelf. Het is niet dat anderen je teleurstellen of te veel van je eisen; het is meer dat je jezelf in de steek laat en te veel van jezelf vraagt. Het lijden dat hieruit voortvloeit, brengt uiteindelijk de noodzaak met zich mee om aandacht aan jezelf te besteden, om te leren wat je ware behoeften zijn en om deze te leren prioriteren, en dus om echt goed voor jezelf te zorgen – fysiek, mentaal, emotioneel en spiritueel. En dit is geen luxe, maar inderdaad een noodzaak, iets wat je jezelf verschuldigd bent. En onthoud, het is jouw verantwoordelijkheid om voor jezelf te zorgen, niet die van anderen.

Nu kan het zijn dat je oprecht gelooft dat je goed voor jezelf zorgt. En dat je dat in vele opzichten ook echt doet.

Wanneer je op wat voor wijze dan ook lijdt of je onvervuld voelt, kan dit fungeren als een spiegel. Een spiegel die jou laat zien dat er andere punten zijn waarop je jezelf wel degelijk tekort doet. Dat je op deze punten jezelf wellicht zelfs vergeet of verwaarloost. Omdat je je niet eens bewust bent dat dit belangrijke punten voor jou zijn.

Goed voor jezelf zorgen is alleen mogelijk wanneer je jezelf écht kent.

Dit is inclusief het bewustzijn van jouw werkelijke behoeften en verlangens, van wat jij écht nodig hebt, en wellicht zelfs van waarom jij hier op deze aarde bent.

Op deze manier kan het gaan door fase 2 een wilskracht in je ontketenen die je nog nooit eerder hebt gevoeld, en zeker niet zo sterk. Het is het soort wilskracht waarmee je zegt: 'Ik laat dat niet nog eens met me gebeuren.' 'Vanaf nu sta ik stevig in mijn beslissingen en houd ik me aan mijn plannen.' 'Vanaf nu schenk ik aandacht aan waar mijn grenzen liggen en ze bewaken.' 'Ik zal afleidingen ontwijken en lasergericht zijn op wat ik echt wil in het leven.' Dus hoogste tijd om in te checken met:

JOUW WIL!

Herinner jezelf als kind: wanneer voelde je je goed, en wat maakte dat je je toen zo goed voelde?

Denk na over hoe je was, wat je deed, waar je was, en hoe je lichaam voor je zorgde; hoe je lichaam je leidde in het vervullen van je behoeften. Verbind je opnieuw met je impulsen, stamp met je voeten, en spreek je verlangens uit.

Voel je die passie? Dat ben jij die weer in verbinding komt met jezelf!

* Wat is diep vanbinnen écht belangrijk voor mij?
  In mijn relaties? In mijn werk? In mijn leven?

* Welke dromen of ambities heb ik eigenlijk?
  Of had ik vroeger?

* Wat is het voornaamste obstakel om mijn dromen of
  ambities waar te maken?

* Waar verlang ik nu eigenlijk echt naar?
  Wat zijn mijn werkelijke behoeften?

* Hoe wordt in mijn behoeften voorzien? En hoe niet?
  Of hoe voorzie ik zelf in mijn behoeften? En hoe niet?

* Wat wil ik? En wat wil ik echt niet? Ook ten aanzien van de
  situatie, uitdaging of crisis van mijn case?

* Wat of wie houdt mij weg van wat ik wil? Of omgekeerd;
  door wat of wie laat ik mij gevangenhouden in wat ik echt
  níet wil?

* In hoeverre, waarmee en hoe zorg ik goed voor mij? En hoe
  en waarmee zou ik beter voor mezelf kunnen zorgen?

* Als ik met een toverstafje iets kon veranderen in mij of in
  mijn leven; wat zou dat dan zijn?

Hey jij!
Word eerlijk!

De weg van
TRANSPARANTIE

Na alle verkenningen op de fasen 1 en 2
ga je naar fase 3: het tweede schokpunt.
'Het tweede schokpunt?', vraag je je nu
misschien af. 'Was er een eerste dan?'

Inderdaad, het eerste schokpunt heb je
eigenlijk al bij fase 9 meegemaakt, waar
dit proces begon, toen je wakker werd
geschud. We noemen het schokpunten
omdat hier energie in het (jouw) systeem
komt die maakt dat het magische wiel van
transformatie gaat draaien. Of, juist niet
en tot stilstand komt. Dus na het 'Word
wakker!' op punt 9, is het tweede schokpunt
bij punt 3: 'Word eerlijk!'. Op dit punt in het
proces is er een (groot) risico dat het hier
vertraagt, stagneert of zelfs helemaal tot
stilstand komt.

Wat na fase 2 namelijk vaak als vanzelf gebeurt – omdat dat zo menselijk is – is dat we onszelf dan gaan 'tegenpraten' of de ander of de situatie gaan 'goedpraten', bijvoorbeeld: **'dat de voordelen toch wel opwegen tegen de nadelen', 'dat hij/zij het vast niet zo bedoelt', of: 'dat ondanks alles, er ook veel goed is.'**

Ik noem dit dan de 'smoesjes voor onszelf'. 'Smoesjes voor onszelf' is de dingen mooier maken dan ze eigenlijk zijn en dit helpt om alles bij het oude te laten. Want als je werkelijk eerlijk wordt met jezelf dan weet je diep van binnen heel goed dat ze niet helemaal of zelfs helemaal niet kloppen.

Dit is een beschermingsmechanisme dat in werking treedt omdat we vanbinnen heel goed beseffen dat werkelijk eerlijk worden met onszelf consequenties heeft en dat we juist die consequenties niet willen, niet aan kunnen en uit de weg willen gaan.

Dit mechanisme kan ook worden aangezet wanneer we op punt 2 ons hart hebben kunnen luchten bij bijvoorbeeld een vriend(in) of therapeut. Dit kan er dan juist aan bijdragen dat we toch weer verder kunnen (en willen) met de bestaande situatie. Een goed gesprek kan er immers aan bijdragen dat je alles weer wat rooskleuriger ziet en je weer verder kunt met de bestaande situatie.

Komt dit je bekend voor?

Hoe luidt (of luiden) jouw 'smoesje(s) voor jezelf'? Om waar jij last van hebt of waar jij behoefte aan hebt géén verder gevolg aan te hoeven geven? Welke neiging heb jij om zaken mooier te maken dan ze zijn om de consequenties te kunnen omzeilen?

Het is zoveel makkelijker om onszelf voor de gek te houden en onze kop in het zand te steken dan de realiteit onder ogen te zien. Als gevolg hiervan stagneert het veranderingsproces dan hier. Echter, het punt hier is dat wat we niet willen weten, niet willen zien, of niet willen horen, daarmee niet verdwijnt. Integendeel deze zaken verblijven in onze innerlijke schaduw en vormen onze verborgen drijfveren die ons blijven beperken en gevangenhouden.

Ténzij we, met de neus op de feiten gedrukt, beseffen dat we eigenlijk geen andere keuze meer hebben. Of dat we iemand in ons leven hebben die ons deze spiegel stevig voorhoudt. Of dat een ander of anderen keuzes maken die voor ons niet zonder consequenties kunnen blijven. Dit zijn drie vormen van een 'schok van buitenaf' en daar bestaan er uiteraard vele soorten van. Wat het scenario ook is, wanneer we ervoor kiezen om onze kop in het zand te blijven steken en verder te gaan alsof er niets aan de hand is, dan stagneert hier het transformatieproces.

Op dit schokpunt maken we daarom pas op de plaats om ten diepste eerlijk te worden met onszelf. Dat doen we door onszelf vragen te stellen als: 'Waar ben ik nou eigenlijk mee bezig?', 'Waar ben ik nou eigenlijk bang voor?', 'Wat denk en hoop ik hier nu eigenlijk mee te bereiken?' en 'Wat ik zo hard nastreef, is dat wel werkelijk goed voor mij?' et cetera. Er is weinig zo confronterend als het verwijderen van de sluiers die ons innerlijk bedekken waarna we onszelf écht onder ogen gaan zien. Maar weet:

Alleen de waarheid over onszelf kan ons bevrijden.

– Claudio Naranjo (1932-2019)

Het is daarom tijd om het onderwerp bedrog aan te pakken, of eigenlijk: zelfbedrog. Dit gaat niet zozeer om de (on)bewuste leugens of halve waarheden die we anderen misschien vertellen. Het gaat hier nog meer om de verhalen die we voor onszelf construeren, de verhalen die we liever over onszelf geloven, waar we aan gehecht zijn en in stand willen houden. Omdat deze een beter gevoel over onszelf geven.

Deze verhalen die we graag over onszelf willen geloven ontstaan onbewust om ons geïdealiseerde zelfbeeld na te streven; dit gaat over wie we denken dat we moeten zijn om het waard te zijn om van gehouden te worden. Om gezien, gehoord, gewaardeerd te worden. Om erbij te mogen horen. Daarom zijn we hieraan gehecht en kan dit voelen als van levensbelang.

Het is deze gehechtheid aan ons geïdealiseerde zelfbeeld die maakt dat we onszelf gevangenhouden in de situatie, relaties e.d. Om onszelf uit deze greep te bevrijden is het dus noodzaak onszelf écht in de spiegel te gaan zien, onszelf en de werking van ons ego echt ten diepste te leren kennen.

Ja, dat is namelijk wat ons geïdealiseerde zelfbeeld eigenlijk is:

ons ego.

En in mijn werk onderscheiden we niet één 'soort' ego; er zijn negen ('ennea') verschillende ego-versies of karakterstructuren die in aard, inhoud en werking fundamenteel anders zijn.

Maakt dit je nieuwsgierig?

Over ego

Het is zo'n veelgebruikt woord: 'ego'. Maar wat is het eigenlijk?

'Ego' is onze identiteit; hoe we onszelf (willen) zien, ook in relatie tot de wereld om ons heen. Het vormt de barrière die ons scheidt van ons ware zelf. Het zijn de maskers die we dragen en de rollen die we spelen. Het is het obstakel tussen onszelf en de ander, tussen hoe we leven/werken en hoe we zouden willen leven/werken.

Ons ego wordt door ons zelfbedrog in standgehouden, met de verhalen en ideeën over onszelf waar we gehecht aan zijn. Gehecht, omdat we diep vanbinnen overtuigd zijn dat we die nodig hebben. Het is deze cognitieve dwaling wat met zelfbedrog wordt bedoeld. Zelfbedrog gaat over onze ego-gedreven perspectieven die als een gekleurde bril zijn waarmee we naar 'de buitenwereld', naar de ander én naar onszelf kijken maar waardoor we slechts een fractie van het hele plaatje zien.

Ons ego richt onze aandacht onbewust en automatisch op dat deel van de werkelijkheid dat we onbewust ten diepste belangrijk vinden en filtert snel, onbewust en volautomatisch weg wat voor ons ego minder tot niet relevant is. Die signalen of informatie pikken we gewoon niet op, dit gaat langs ons heen. De bril laat alleen die informatie door waar onze aandacht zich wél op richt. Een bril waarvan we ons niet bewust zijn dat we die dragen, en dus ook niet bewust van hoe deze onze waarneming beperkt en kleurt. Bewust worden hiervan, dit leren zien, vereist oefening maar bovenal, de wens om eerlijk te worden met jezelf.

De verkenning van ons ego begint met het besef dat ons ego altijd hongerig is en op zoek naar voedsel om deze honger te stillen. 'Ego-voedsel' is voedsel als bevestiging, erkenning, waardering, bewondering, maar ook controle, impact maken et cetera. Het probleem hier is dat deze honger nooit volledig en permanent bevredigd kan worden; het is als een 'rupsje-nooit-genoeg'. In grote lijnen komt ons 'ego-voedsel' neer op drie hoofdcategorieën;

1. **Geldingsdrang:** dit betreft onze menselijke behoeften zoals gezien, gehoord, gewaardeerd, erkend, gerespecteerd en geliefd te worden. Er kan spanning zijn tussen de wens om trouw te zijn aan onszelf en het verlangen om dit te verkrijgen van anderen. Iets wat je herkent in jezelf?

2. **Bezitsdrang:** dit betreft onze menselijke zorg om te overleven. Het komt voort uit onze natuurlijke angst om niet te hebben wat we nodig hebben wanneer we het nodig hebben. Of het nu gaat om materiële middelen, veiligheid of emotionele steun. Iets wat je herkent in jezelf?

3. **Machtsdrang:** dit betreft onze menselijke behoefte onszelf en ons leven te beschermen door controle uit te oefenen over onze omgeving, over anderen en bovenal, over onszelf. Het komt voort uit onze aangeboren drang om onze veiligheid en vrijheid te waarborgen en zo te verkrijgen wat we denken nodig te hebben van de mensen om ons heen. Iets wat je herkent in jezelf?

Er bestaat een kans dat je hier denkt: 'Dit betreft mij niet, dit heb ik niet.' Maar deze driften? Je ziet ze misschien niet, maar ze zijn er. Diep van binnen zijn dit onze verborgen bestuurders en deze beïnvloeden ongemerkt onze keuzes. Pas zodra we in staat zijn ze te zien en erkennen kunnen we kiezen voor een andere weg.

Een hulpmiddel om jezelf te leren kennen

'Ennea' is, zoals je nu weet, Grieks voor negen. De cirkel met 9 punten biedt echter nog een tweede hulpmiddel en dat is het enneagram. Dit model onderscheidt 9 karakter- of egostructuren en beschrijft deze op diepgaand niveau. Dit maakt het makkelijker om jezelf beter en in sneltreinvaart op diep niveau te leren kennen én begrijpen.

Voor een kennismaking met de 9 enneagramtypen kun je een spel spelen om jouw type te ontdekken; de 'What's My Point?'-game.

What's My Point?
Speel het spel en ontdek je zelf!

* Wat is of waarover gaat mijn diepste ego-honger?

* Welk ego-voedsel probeer ik eigenlijk te verkrijgen?
  Wat, bij wie en hoe probeer ik die te verkrijgen?

* Als ik echt eerlijk word met mezelf: hoe werken geldings-,
  bezits- en machtsdrang in mij? Waarover gaat dit bij mij?

* Tot welk gedrag van mij leidt dit in de buitenwereld?

* Welke van mijn gedachten, emoties, gewoonten of neigingen
  vind ik eigenlijk moeilijk te erkennen en probeer ik te
  verbergen voor mezelf en anderen?

* Hoe neig ik ernaar om dingen mooier te maken dan ze zijn?

* Als ik echt eerlijk word met mezelf: heeft de ander ook een
  andere kant (negatief of positief) die ik liever ontken, niet zie
  en negeer?

* Wat hou ik liever onder het tapijt? Wat ga ik liever niet aan?

* Als ik echt eerlijk word met mezelf: hoe hou ikzelf de
  situatie, uitdaging of crisis in stand?

* Welke consequenties ga ik liever uit de weg of niet aan?

Laat gaan

De weg van
VERTEREN

Als gevolg van het werkelijk en ten diepste eerlijk worden met jezelf in fase 3, ga je door naar fase 4; de plek waar velen van ons nogal wat te verteren kunnen hebben. Want laten we eerlijk zijn: eerlijk zijn geworden in fase 3 over onszelf en onze eigen bijdrage aan de (probleem)situatie is vaak toch echt geen kleinigheidje. Dus in deze fase 4 staat centraal het verwerken van alles, inclusief pijnlijke emoties, die mogelijk in fase 3 naar boven zijn gekomen. Maar ook afscheid nemen van alles wat duidelijk is geworden in fase 3, afscheid nemen van dat wat je niet meer dient. En dit kan behoorlijk lastig en pijnlijk zijn.

Fase 4 is voor de meesten van ons een lastige fase omdat dit werkt als een interne reiniging. Dit is jezelf opschonen en zuiveren van wat jou niet meer dient. De meeste mensen proberen juist de pijn en daarmee deze fase te vermijden. Echter, op het pad van groei en transformatie is deze fase onvermijdelijk, noodzakelijk, helend en uiteindelijk bevrijdend.

Zoals je misschien hebt ervaren kan eerlijk naar jezelf kijken lastig en pijnlijk zijn. Je bent je nu meer bewust van hoe je zelf hebt bij-gedragen aan je huidige situatie, of hoe je deze – nog steeds – in stand houdt. Ten diepste kennismaken met onszelf verbrijzelt de illusies over ons geïdealiseerde zelfbeeld. Dat we ineens gecon-fronteerd worden met hoe ook wijzelf gedreven en gestuurd wor-den door onze ego-begeerten. De innerlijke strijd die dit kan ople-veren, wordt ook wel de *dark night of the soul* genoemd. Maar onthoud dat zelfs de donkerste nacht eindigt met een zonsop-gang. En we zijn hier pas bij punt 4 in het proces, we noemen deze plek ook wel de 'bodem van de put'.

Het werk in fase 4 bestaat uit het verwerken van emoties, het verteren van pijn; ook wel rouwen genoemd. Het bestaat ook uit afscheid nemen van dat wat jou niet meer dient: bijvoorbeeld je (belemmerende) overtuigingen of gewoonten (in je binnen én bui-tenwereld), relaties, situaties of patronen waar je in vastzit, verha-len die je (jezelf) blijft vertellen, herinneringen die je blijft ophalen etc. Het gaat om los te laten wat je al zo lang bij je draagt maar jou wel pijn doet, of bang of boos maakt, of wat jou klein- of tegen-houdt. Kortom, alles wat jou niet meer dient.

Ieder van ons bouwt van kleins af aan onbewust en instinctief innerlijke beschermingsmuren op om zichzelf te beschermen tegen de buitenwereld maar nog meer tegen het voelen van de eigen emotionele pijn.

Wat je op dit pad van bewustwording en bewust leven steeds verder zult ontdekken en ervaren is dat je innerlijke beschermingsmuren je niet alleen beschermen maar dat je hier ook een prijs voor betaalt.

Iedere keer dat je van binnen even samenkrimpt om de pijn niet te voelen, knijpt dit ook heel even je vrij stromende levensenergie af. Iets dat je op de lange duur zelfs kan ziek maken. En dat de gewoonte van die innerlijke beschermingscontracties niet selectief alleen tegen de pijn beschermt maar dat dit op den duur ook maakt dat je je ook niet werkelijk blij, of spontaan, of gelukkig kunt voelen. Dat die beschermingsmuur in staat tussen jou en de ander. Maar nog meer tussen jou en het leven vanuit jouw ware zelf.

Dus weet, dat jouw gewoonte van hoe jij jezelf beschermt, juist jouw ontwikkeling en geluk in de weg kan staan. En ook, jou juist weghoudt van waar je werkelijk ten diepste naar verlangt.

Hier is een mooie oefening voor je als emoties zich tonen tijdens dit proces; wees geduldig, zacht en lief met jezelf; kijk er eens naar, zonder oordeel, aanvaard je emoties, praat met je emoties, begrijp je emoties, en laat ze dan, wanneer je klaar bent, weer los.

Dit is de sleutel tot innerlijke vrijheid en genezing.

Veelal is ons als kind afgeleerd om onze emoties te tonen: doe niet zo boos, huil niet zo, wees niet zo emotioneel, stel je niet zo aan. Herkenbaar? Emoties zijn echter helemaal ok; er is niets mis met ze, ze horen bij ons, het is juist supergezond, het maakt ons mens.

Voordat we verder gaan is er in deze fase nog één ding te doen: onszelf vergeven. We struikelen, we vallen, maar we staan ook weer op. Dus haal diep adem, en zeg tegen jezelf:

**Het is tijd om mijzelf
vrij te maken van alles
dat mij niet meer dient.**

- Nu ik eerlijk ben geworden met mezelf in fase 3:
  waaraan ben ik gehecht om liever niet onder ogen te zien of
  liever niet los te laten?

- Welke illusies over mezelf doorzie ik nu?
  Welke 'smoesjes voor mezelf' heb ik ontdekt?

- Welke emoties, welke gedachten heeft dit losgemaakt?
  Welke pijn heb ik hier te verwerken?

Waar neem ik afscheid van:
- Van wat? Van wie?
- Van welke gewoonten die mij niet langer dienen?
- Van welke gedachten en overtuigingen die me
  gevangenhouden en mij niet langer dienen?
- Van welke patronen in mij, in mijn leven of in mijn relaties
  die mij niet langer dienen?

- Welke emoties en gedachten komen hierbij op?

- Welke pijn heb ik hier te verwerken en verteren?

- Wat verwijt ik mezelf?
  Hoe kan, wil en ga ik hier anders naar kijken?

- Over wat mag, kan, wil en ga ik mijzelf vergeven?

De leegte

Na het grote afscheid nemen en verteren van wat je niet meer diende in fase 4, kom je terecht in een leegte tussen fase 4 en fase 5. Dit is als een welverdiende adempauze. Het is alsof je aan de rand staat van wat achter je ligt en van dat wat nu kan en gaat komen. Tussen fase 4 en 5 op de cirkel is er een open ruimte die ook bekend staat als 'de leegte'.

Waar fase 9 wordt gezien als het punt van maximale integratie – hierover aan het einde van deze reis meer – wordt 'de leegte' beschouwd als het punt van maximale desintegratie. In de zin van, hier is even niets; het is alsof je even in niemandsland bent. Je hebt immers afscheid genomen en dat verwerkt in fase 4 maar hier is nog niets voor in de plaats gekomen (fase 5 en verder). Hier verblijf je even in de stilte als op de bodem van de put.

Wat je je hierbij kunt voorstellen? Heb je weleens een enorme huilbui gehad? Het soort huilbui waarbij er in dat moment niets anders lijkt te bestaan? En dat er uiteindelijk een moment komt waarop je je laatste traan hebt gehuild? Dat je dan ineens een stilte, een rust, een lichtheid en een ruimte ervaart? En het zelfs ineens kan lijken alsof het licht aangaat of de zon weer schijnt?

Dat is waar je bent als je diep door fase 4 bent gegaan en deze goed hebt verwerkt.

Tot nu toe heb je bergen beklommen, stormen doorstaan en misschien zelfs demonen uitgedreven. En als de stormwolken optrekken, is wat overblijft een serene, lege ruimte. Een helderheid zoals geen ander, en het voelt ineens vrij van obstakels en banden die je hiervoor nog tegenhielden.

Deze leegte, deze fase is als een heerlijke én noodzakelijke pauze tussen het loslaten van het oude en het omarmen van de frisse start die wacht in fase 5. Het is een cruciale pitstop. Omarm het. Koester het. En het allerbelangrijkste, vertrouw erop.

Het kan hier voelen alsof je staat op de rand van iets nieuws, iets bijzonders, in een ruimte waar de mogelijkheden eindeloos zijn maar waar nog even niets hoeft. In deze leegte is waar de transformatie ongemerkt en ondergronds zich al begint te ontvouwen.

Voor nu zou ik zeggen, neem even tijd voor een break; even je aandacht richten op iets anders, denk bijvoorbeeld aan het maken van een wandeling of even lekker naar de sportschool. Kortom, lekker chillen en ontspannen, een moment voor jezelf.

Denk
na

De weg van
HELDERHEID

Wanneer we lang genoeg in de innerlijke
stilte en leegte hebben verbleven, komen
we ook als vanzelf weer tot onze positieven.
Net zoals we na een goede nacht slapen in
de ochtend als vanzelf weer wakker en tot
bewustzijn komen. En hoe we ons dan weer
fris en helder kunnen voelen; klaar voor
een nieuwe dag. Precies zo gaan we ook
als vanzelf naar fase 5; het voelt hier alsof
de mist in ons hoofd is opgetrokken en de
obstakels en zwaarte van de emoties in ons
hart zijn verdwenen.

Ontdaan in fase 4 van gedachten die ons helemaal niet bleken te helpen en niet langer belast met gevoelens die ons in de weg bleken te staan, ervaren we hier op punt 5 rust, ruimte en helderheid om 'de situatie' nog eens opnieuw nuchter te bekijken.

Het is heel wonderlijk maar nu ziet de chaos van voorheen er ineens heel anders en overzichtelijk uit. Wat eerst zo moeilijk leek te ontrafelen, te groot of complex om te overzien, lijkt hier op z'n plaats te vallen. Verbaasd kunnen we onszelf iets horen zeggen als: **'wat was hier eerder nou zo moeilijk aan?', 'hoe kan het dat ik dit eerder niet zag?'**.

Op dit punt aangekomen ziet alles er ineens zo simpel uit. Herken en ervaar je dit?

Het Werk in fase 5 is het aan het werk zetten van ons rationeel denken, het (nog eens) op een rij zetten van de feiten en het openen van de poort naar oplossingen. Hier is het moment gekomen om terug te kijken naar de reis die je vanaf fase 9 tot hier hebt gemaakt. Dus eerst evaluerend terugkijken, een pas op de plaats maken en je goed realiseren van 'waar sta ik nu?', vóórdat je toe bent aan vooruit kijken.

Terwijl je dit doet, ben je begonnen of bezig met het op orde stellen van zaken. Nu emoties (en wellicht zelfs je ego) niet meer (zo sterk of zoveel) de regie hebben over jou en je denken en je beoordelingsvermogen niet langer vertroebelen, kun je pas echt overzicht krijgen van je situatie (crisis, of probleem) en deze nu als het ware van een afstand met een neutrale blik beschouwen. Je voelt nu ruimte om helder na te denken.

Alles komt hier in het juiste perspectief te staan en oplossingen lijken voor de hand liggen. Plotseling zie je meer paden voor je dan je aanvankelijk kon bedenken.

Een mantra voor Het Werk in fase 5:

Keep your mind clear and stable,
Keep your heart open and warm,
Keep your body relaxed and solid.[*]

Je vraagt je misschien af; 'de situatie verkennen en het grotere plaatje zien – deden we dat niet al in fase 1?'. Ja, dat deden we, en toch is het werk in fase 5 anders. In fase 1 staat 'het verkennen' centraal. Daar werken we 'divergerend'; eerst verzamelen we alle informatie, alle details, alle voorbeelden waarvan we denken dat ze relevant kunnen zijn. En die vanuit onze emoties opspelen. In deze fase komt er eerst veel op tafel.

In fase 5 brengen we alles terug naar de essentie van het verhaal of probleem; hier werken we 'convergerend'. Dit kan hier omdat de emoties op punt 4 zijn verteerd en niet langer of in ieder geval minder opspelen. Daarom kunnen we nu alle informatie rationeel ordenen op wat relevant is of niet, wat hoofd- en bijzaak is; er ontstaat overzicht. Convergerend denken is een proces van het uitfilteren van alle overbodige en niet werkelijk relevante informatie en details om ons te kunnen richten op de werkelijk relevante feiten en factoren. Zo komen oplossingen nu ineens snel in beeld want we concentreren ons alleen nog op die aspecten die relevant zijn.

____

* Enneagram voor Dummies, 2020, pag. 196

- Waar sta ik nu?

- Wat zie ik en wat denk ik, als ik nu terugkijk naar waar ik stond toen deze reis begon op punt 9 met 'Wakker worden'?

- Wat zie ik en wat denk ik als ik nu terugkijk naar de reis die ik vanaf punt 9 t/m hier heb doorlopen?

- Wat overzie ik nu dat ik eerder niet kon zien of begrijpen?

- Hoe ziet het grotere plaatje eruit als ik hier uitzoom?

- Wat zie ik nu helder dat ik eerst niet helder kon zien?

- Welke opties of keuzes zie en voel ik nu, die ik eerder niet zag en voelde?

- Welke (niet-helpende) gedachten/overtuigingen stel ik bij?

- Welke (helpende) gedachten/overtuigingen stel ik daarvoor in de plaats?

- Welke oplossing(en) zie ik hier? Welke keuze(s) maak ik?

- Welke korte zin of welk woord kan me helpen mezelf hieraan te blijven herinneren?

- Wat kan ik nog meer doen om het te onthouden?

Hey, jij! Relax!

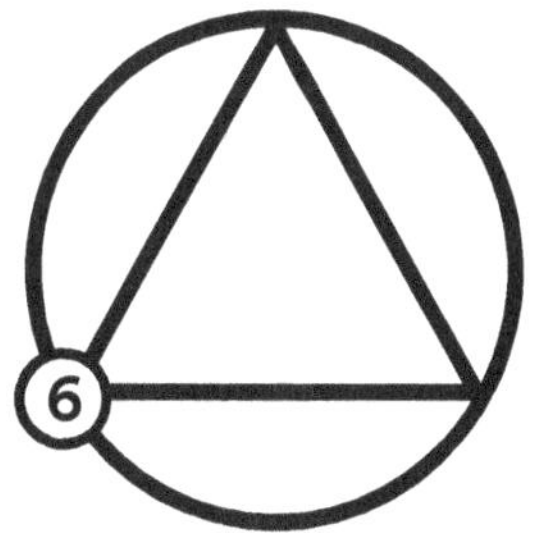

De weg van
MOED

Relax je ab-reactions!
Ontspan mijn wát?

Met de oplossingen in gedachten van fase 5,
lijkt de transitie nu een gelopen race. Nou,
hou je vast voor een kleine spoiler. Herinner
je je de schokpunten nog van fase 9 en 3?
Hier is de derde. En net als op punt 3, is deze
fase 6 er óók eentje waar het proces kan
vertragen, stagneren en zelfs tot stilstand
komen. Laat me je uitleggen wat hier
gebeurt.

Het punt hier is dit. De oplossing(en) in fase 5 zijn bedacht met ons hoofd. En die komen vaker niet dan wel overeen met hoe we vanuit onze natuur zouden handelen. Immers, áls het onze natuur zou zijn om op die wijze met de situatie of het probleem om te gaan, dan hadden we nu toch niet deze hele reis vanaf fase 9 hoeven afleggen? Dan hadden we immers op de eerste plaats al uit onszelf zo gehandeld of gereageerd. Ja toch?

Onze natuur is hoe we naar zaken kijken of hoe we handelen of reageren wanneer we er niet werkelijk over nadenken. Dus wat valt binnen onze vanzelfsprekendheden en comfortzone. Als we geleerd hebben hoe we ook ánders naar die zaken kunnen kijken, of ánders kunnen handelen of reageren dan is dat dus niet conform onze natuur. En valt dit dus buiten onze comfortzone en wat we gewend zijn.

Nu we van fase 5 naar fase 6 gaan is dat we ons op punt 6 ineens gaan voorstellen of visualiseren hoe het zou zijn om die oplossing ook daadwerkelijk te gaan uitvoeren. En alleen al de gedachte om iets te gaan doen wat buiten je comfortzone ligt, kan een fysieke reactie oproepen.

Een voorbeeld; stel dat je oplossing op punt 5 is om met iemand een gesprek aan te gaan die jij eigenlijk een moeilijk persoon vindt om te benaderen of mee te praten. De oplossing is misschien heel simpel en voor de hand liggend, namelijk een gesprek voeren, maar dit ook daadwerkelijk doen als nou juist dít buiten jouw natuur en comfortzone ligt, is iets heel anders. Kun je je de innerlijke reactie en weerstand voorstellen die dit kan oproepen bij iemand die dit echt heel lastig vindt?

Wat hier gebeurt, is dat we in ons hoofd misschien zien en begrijpen dat dit een goede oplossing is, maar wanneer je begint na te denken over het daadwerkelijk in actie zetten van deze oplossing ontstaat er een fysieke innerlijke weerstand, kramp, zorg, allergie of angst die zegt: **'leuk plan maar dat ga ik echt niet doen!'**.

Probeer het maar eens: wat gebeurt er binnen in jou als je nu nadenkt over het uitvoeren van jouw oplossing(en) uit fase 5?

Deze innerlijke reactie heet je *abreaction*, eigenlijk je *abdonimal reaction*, en dit is wat in ons (lijf) gebeurt wanneer we iets moeten doen waarvoor we een enorme innerlijke weerstand, zorg, allergie of angst voelen. Het is alsof met deze *abreaction* ons hele lijf ineens 'ho' roept en een *no-go* aangeeft.

De *abdonimal reaction* is dat je (buik)spieren zich ineens sterk samentrekken. Net zoals wanneer je bijvoorbeeld schrikt of valt. Inclusief het ongemerkt even inhouden van je adem. Alsof met het samenspannen van deze spieren de klap wordt opgevangen en de pijn minder binnen komt. Dit noem ik de schok van binnenuit. De schok die maakt dat ook hier het proces tot stilstand kan komen.

Het Werk dat hier te doen staat:

> Door aandacht te geven aan je *abreaction*,
> creëer je in jezelf de kans, ruimte én keuze
> deze van binnenuit te ontspannen.

Dit voelt als jezelf overwinnen. Dus groots.

Fase 6 is daarom een lastige, zeg maar gerust slinkse fase waarin, zelfs met een duidelijke oplossing in zicht, we plotseling tot een abrupte halt kunnen komen. Het is alsof je aan de rand van een hoge duikplank staat, wetende dat het water beneden veilig is, maar je lichaam weigert gewoon te springen. Op dit punt is het alsof je hele lichaam samentrekt, en al je innerlijke zorgen, 'redenen om niet te gaan', allergieën en weerstanden naar boven komen: *'Daar ga ik niet naartoe, geen denken aan.'*

En je geest voedt dit met interne gesprekken: *'Kan ik dit echt wel?', 'Ik wil niet dat ze anders over mij denken', 'Wat als er iets misgaat?'.* Tegen wil en dank graven de hielen zich in. Met het idee een stap vooruit te zetten, komt het proces hier tot stilstand. Alles in jou zegt: *'don't go there' 'niet doen', 'geen denken aan', 'ik ben weg':*

STOP!

Dit is exact het moment waarop onze oude patronen weer insluipen, en onze verdedigingsmechanismen de controle overnemen. Je ego, met je ego-zorgen en ego-honger wil niet opzij worden gezet, wil van geen wijken weten. Onze ego-honger is ervan overtuigd dat we niet zonder ons ego-voedsel kunnen. Ons hele lichaam komt hier in verzet, onze buikspieren spannen zich aan. Maar, juist deze duidelijke fysieke reactie geeft je met dit signaal ook de kans je superbewust te worden van dit mechanisme in jou want wat gebeurt er nu en waarom?

Dus dit is

je kans

om jezelf te bevrijden van wat jou gevangen houdt! Al het werk in
de eerdere fasen heeft je naar dit punt gebracht:

Your Way Out!

Dus, haal diep adem en ga nog even mee in het proces, je bent er
bijna. Omarm deze innerlijke weerstand als een natuurlijke reactie.
Nu je weet wat er in je gebeurt, kun je dit met beoefening leren
ontspannen, beheersen en verminderen. Elke keer dat je de moed
en vastberadenheid in jezelf vindt om dit te doen, zal het helpen
de intensiteit van de abreactie beetje bij beetje te verminderen. En
elke keer dat je de moed en vastberadenheid vindt om jezelf op
deze manier te overstijgen, zul je jezelf voelen groeien in innerlijke
kracht, zelfvertrouwen en zelfverzekerdheid.

Om dit te overwinnen, moeten we ook op dit schokpunt weer even
pauzeren, diep ademhalen en de juiste aandacht schenken aan
deze innerlijke onrust. Erken het. Zie het. Voel het. Alleen dan kunnen we onszelf leren dit voorbij te gaan, er overheen te groeien.
Het overwinnen van onze angsten zorgt daarna vaak voor een golf
van energie, in de vorm van moed of vastberadenheid, die ons
aanzet en beweegt tot actie.

Het Werk hier is om tegen jezelf te zeggen: STOP!

Stop!	Laat je primaire (re)actie los.
Tel tot 10.	Breng je aandacht terug naar jezelf, naar je ademhaling en ontspan.
Observeer jezelf.	Wat denk je? Wat voel je? Welke neiging of drang ervaar je?
Pas je nieuwe alternatief toe!	Kies bewust anders, experimenteer en leer.

* Wat zijn triggers die een innerlijke weerstand, zorg, allergie en/of angst bij mij oproepen en activeren?

* Welke van de vier komt eerder, sterker of vaker in mij op: het gevoel van weerstand, zorg, allergie of angst?

* Waarover gaat deze weerstand, zorg, allergie of angst? Waar voel ik dit in mij? Wat voel ik dan?

* Wat is voor mij een echte *no-go* of wat zijn *no-goareas*? Wat maakt dat dit eigenlijk zulke *no-go's* zijn?

* Welke gedachten komen in mij op bij het denken aan deze *no-go's*? Waar gaat dit eigenlijk echt over?

* Hoe weet ik dat deze gedachten waar zijn? En wat als deze gedachten niet waar zijn?

* Wat wordt er mogelijk als ik mijn 'abdonimal reaction' ontspan? En hoe belangrijk is dat voor mij?

* Hoe essentieel is het voor me om mijzelf te bevrijden van waarin ik mezelf gevangen hou?

* Is het een optie voor me om me daarbij neer te leggen en deze stap niet, wellicht nooit, te gaan zetten? Hoe verhoudt dit zich tot mijn verlangens op punt 2?

Vier de ruimte

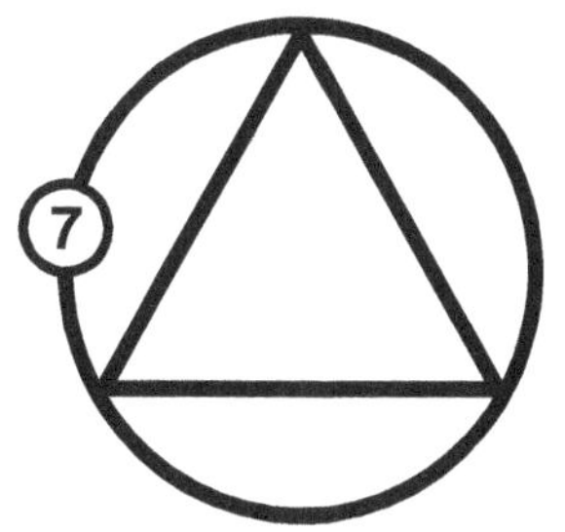

De weg van
MOGELIJKHEDEN

Zodra je je 'abreaction' in fase 6 ontspannen
of zelfs overwonnen hebt, schuif je door
naar fase 7 in het proces. Als innerlijke
blokkades zich ontspannen ontstaat er
innerlijke ruimte en vrijheid. Fase 7 staat voor
de innerlijke ruimte die is ontstaan. Ruimte
om in werkelijke vrijheid keuzes te kunnen
maken.

Absolute vrijheid! Wanneer onze angsten ons niet langer in onze macht hebben en ons niet langer overheersen, beperken en gevangen houden ontstaat vrijheid in keuzemogelijkheden voor zowel de innerlijke als de buitenwereld.

In deze vrije ruimte verplaatsen we op punt 7 onze aandacht. Hier gericht op de toekomst, dus voorbij het lastige te overwinnen obstakel van punt 6. We richten onze blik op de buitenwereld, om te zien wat er mogelijk wordt of wat het zetten van 'de stap' nog meer aan mooie 'bijvangst' kan opleveren (de *bestcasescenario's* in plaats van de *worstcasescenario's* van punt 6). Op dit punt laten we onze fantasie de vrije loop en kunnen we naar hartenlust met opties experimenteren. Speel je mee?

Als onze innerlijke blokkades zijn ontspannen komt er lichte en luchtige energie vrij. Omdat zonder blokkades de levensenergie weer vrij kan én gaat stromen. En als de levensenergie weer vrij kan stromen, dan kun je ook je levenskracht en levensvreugde weer gaan voelen. Die zaken zijn in ons onlosmakelijk met elkaar verbonden. En het is niet zo dat die zijn weggeweest; ze waren er al die tijd al alleen kon je ze niet voelen.

In deze fase lijkt het alsof de zon weer gaat schijnen. En met de vrijstromende levensenergie komen ook allerlei nieuwe ideeën en mogelijkheden op. Alsof we, nu we de 'bril van beperkingen' hebben afgezet, ineens veel meer gaan zien wat óók allemaal mogelijk is. Dit zorgt voor een hoop creativiteit en inspiratie.

Wat in fase 7 kan of zelfs gaat ontstaan is plezier om nieuwe dingen te gaan uitproberen in de buitenwereld; om het nieuwe te gaan ervaren. Het plezier zoals een kind speelt en leert door doorlopend nieuwe dingen uit te proberen en ermee te experimenteren. Zonder de zorg voor wat erna komt. Het voelt als positieve opwinding, speelsheid. Wat eerst eng leek, kan hier 'leuk spannend' worden.

Op punt 7 richt je jouw aandacht op het jezelf voorstellen van de toekomstige wereld: dus met je oplossing van punt 5 in gedachten kijk je voorbij je obstakels van punt 6. Dat speelt zich eerst nog af in je binnenwereld, in je hoofd, in de vorm van plannen maken en visualiseren hoe dat eruit kan gaan zien. Zoals je je een vakantie inbeeldt wanneer je die aan het plannen bent. Opties en mogelijkheden komen in beeld.

Het kan je hier ook beginnen te dagen dat veranderingen niet alleen noodzakelijk zijn, maar misschien zelfs ook leuk, en ook andere nieuwe en leuke dingen mogelijk maken.

Dus, stel je voor dat de ketens die je vasthouden wegvallen. Wat zal dit betekenen? Wat zal dit allemaal mogelijk maken en wat voor gevoel geeft dit je?

Vermoedelijk pure, en zelfs opwindende vrijheid. Met niets dat je vanbinnen nog tegenhoudt stroomt je levensenergie vrij. Je ziet de wereld als door een roze bril; alles lijkt mogelijk. Je bruist van creativiteit, inspiratie, je krijgt zin om dingen uit te proberen, te experimenteren, te spelen.

- Wat ervaar ik in mij na het 'overwinnen' van punt 6? Wat doet dit met mij? Wat voel ik?

- Welke ruimte zie ik ineens na het 'overwinnen' van punt 6?

- Welke nieuwe ideeën, opties en mogelijkheden komen nu in beeld? Wat wordt nu allemaal mogelijk?

- Wat is weer in mij gaan stromen?

- Welk plezier, welke energie, welke creativiteit en welke inspiratie voel ik nu (weer) in mij?

- Welke gedurfde stappen zou ik nu willen en durven aantrekken?

- Wat is voor mij goed om mee te gaan experimenteren?

- Wat is goed voor mij om (mijzelf toe te staan) te leren?

- Waar ben ik nieuwsgierig naar om te gaan ervaren? Welke (levens)ervaring zou ik willen opdoen?

- Wat gun ik mezelf hier? Wat wil ik mezelf toestaan?

- Van welke ruimte of vrijheid wil ik nu gaan profiteren?

Waar ga je voor?

De weg van
OVERGAVE

Leuke mogelijkheden fantaseren en testrijden is één ding. Daadwerkelijk in actie komen en voor je keuze stáán en gáán, je werkelijk committeren is toch wel weer wat anders. Tot fase 8 hebben de processen zich vooral afgespeeld in onze innerlijke wereld. In fase 8 is het moment gekomen om de transities die zich ín jou hebben afgespeeld krachtig naar de buitenwereld te brengen. Dit is een proces van overgave en actie, het moment van waarheid dient zich hier nu aan: want ga je er ook echt voor?

Je kunt het vergelijken met het moment dat je op de rand van de hoge duikplank staat nét voordat je je overgeeft om daadwerkelijk in het diepe te duiken. Eénmaal de duik ingezet is er immers geen weg meer terug. Of stel je voor dat je nieuwe website klaar is en je met je vinger op de knop hem 'live' gaat zetten. Je voelt opwinding en bent blij dat het nu eindelijk zo ver is, je wilt ervoor gaan, én het is spannend om er nu werkelijk mee naar buiten te komen. Kun je voelen wat dit met je doet? Dit is hét moment van overgave. En het is in dít moment dat we onszelf werkelijk committeren.

Hoe intens of ingrijpend de reis tot en met fase 7 misschien is geweest; besef, dit waren vooral innerlijke beproevingen en trans-formaties. Het kan zijn dat 'de buitenwereld' er nog niets van heeft gezien of gemerkt. Maar er komt een moment, namelijk wanneer je in fase 8 bent aangekomen, dat de transities die jij in je denken en voelen hebt doorgemaakt, consequenties gaan hebben voor jouw keuzes en handelen in de buitenwereld. En dát is het moment van werkelijke commitment, overgave en het moment dat 'de buiten-wereld' dit gaat merken, er is geen weg meer terug, *so what*?

Inderdaad, dit moment kan behoorlijk intens en spannend zijn omdat we moeilijk op de reacties van mensen in de buitenwereld kunnen anticiperen. Ook als jouw innerlijke reis erover ging om je juist los(ser) te maken van 'de buitenwereld'. Maar het is in dit moment dat je zeker weet dat je dit wilt en het tegelijkertijd toch altijd spannend blijft. Diep van binnen ben je hier dan eigenlijk het *point of no return* al gepasseerd.

Daarom is dit het punt van echte commitment; genoeg nagedacht, ik ben er klaar voor, ik ga het gewoon:

DOEN!

Het gaat niet alleen om doen maar ook om hoe je dit doet. Dat je je vanbinnen echt sterk voelt, dat je stáát, krachtig en met volle overtuiging. Dat je er echt voor wilt gaan, vastberaden, niets of niemand houdt je tegen. Met een nieuwe mindset, nu glashelder en paraat, hier kan je je aan vasthouden.

Je haalt nog een keer diep adem, voelt je voeten op de vloer en je weet **'ik ben er klaar voor!'**.

Was de energie in fase 7 vooral levend, inspirerend, vrij, speels en blij, in deze fase 8 is de energie ineens krachtig; voel je dit?

Deze energie maakt je sterk en krachtig, voelt als een onzichtbaar schild, zorgt ervoor dat je rechtop staat. Als de situatie erom vraagt, maak je de stap voorwaarts. Oók om een confrontatie aan te gaan met een situatie of persoon die je van nature altijd lastig vond, bam! Onverstoorbaar voel je je *a (wo)man on a mission*.

* Waar sta ik nu echt voor, op een manier zoals ik nog nooit eerder heb gedaan? En waar ga ik voor?

* Waar wil ik me nu écht aan committeren?

* Waar voel ik me nu klaar (en sterk genoeg) voor?

* Op een schaal van 0 (geen) tot 10 (volledig): welk cijfer geef ik aan de mate waarin ik me nu gecommitteerd voel aan mijn keuze?

* Als het gaat om overgave: waar gaat mijn overgave eigenlijk over? Wat is hieraan zo lastig voor mij?

* Wat kan de buitenwereld op dit punt van mij gaan zien, horen, voelen, merken?

* Wat ga ik implementeren? Als ik het concreet maak: wat, wanneer, met wie en hoe ga ik het doen?

* Heb ik hier nog iets voor nodig, bijvoorbeeld support van een ander?

* Kan ik de daadkracht in mijzelf voelen?
  (nu ik in mezelf helder heb waar ik voor wil gaan en waaraan ik me wil committeren?)

Hey jij!
Go &
flow!

De weg van
INTEGRATIE

Na het commitment, de overgave, de actie
en implementatie in fase 8 schuif je als
vanzelf door naar fase 9, daar waar je reis
begon. Nu staat fase 9 alleen voor het
omgekeerde; bij het vertrekpunt waren we
in slaap en werden we op dit punt wakker, nu
bij het eindpunt staat fase 9 symbool voor
dat het na gedane arbeid tijd is voor een
periode van rust. Maar dat niet alleen. Rust
suggereert namelijk dat in deze fase niets
meer 'gebeurt' maar zo is het zeker niet.

Als je aan krachttraining doet, dan weet je dat je alleen dán de vruchten van een training plukt, wanneer je na een intensieve training ook goed rust. Zo werkt het eigenlijk ook met deze transformatieve reis. Het is belangrijk, we hebben het nodig, om ook alles te laten bezinken, om 'het nieuwe' in onszelf en in de nieuwe situatie te integreren.

Het voelt als een fase van tijd nodig hebben om te wennen. Wennen totdat je het nieuwe weer gewoon bent geworden; dat is integreren. Deze fase van integratie en wennen duurt zolang het als dusdanig voelt en eindigt wanneer iets een nieuwe gewoonte is geworden. Dit is het moment waarop we ons niet meer bewust zijn van wat 'oud' of 'nieuw' is; dan is het volledig geïntegreerd, het nieuwe 'gewoon', een nieuwe *status quo*.

Ken je dat gevoel als je voor het eerst een nieuw paar schoenen draagt? Een beetje stijf, een beetje onbekend, misschien zelfs hier en daar een knelling; je 'vóelt' ze echt. Je versleten oude schoenen zaten veel lekkerder dan deze nieuwe. Maar met de tijd, met elke stap, beginnen ze zich aan te passen aan de vorm van je voeten. Tot op een dag, je ze gedachteloos aantrekt en ze niet eens meer opmerkt. Dat is waar we nu zijn. We zijn onze nieuwe schoenen aan het inlopen, totdat ze als een tweede huid voelen.

Dit punt voelt als een comfortabel punt; alles is gedaan, de reis is voltooid. Terwijl we ontspannen in deze staat van rust, kunnen we nieuwe gewoonten internaliseren maar ook (onbewust) terugvallen in oude gewoonten. We vallen opnieuw 'in een slaap' waarin we graag willen blijven. En we blijven in deze aangename staat totdat het leven ons weer wakker maakt en er iets opduikt waarmee we opnieuw iets moeten of willen. Dit creëert de start van een nieuw proces en we gaan weer naar fase 1.

Fase 9 is daarom het punt waar het einde van een transformatie-proces ook weer het begin vormt van een volgende. Op deze manier is het een verbindingspunt: de fase van integratie tussen het oude en het nieuwe. Achter ons liggen onze ervaringen en geleerde lessen, voor ons het nieuwe onbekende.

Zoals aan het begin van dit boek is gezegd, is het enige dat permanent is in het universum en in het leven, is dat alles continu in transformatie is. Het levenswiel draait rond of we ons dit nu bewust zijn of niet en of we dit nu leuk vinden of niet. Met dit magische wiel handen, kun je je vanaf nu wel steeds bewuster en vaardiger door een volgende cyclus navigeren. Want iedere keer dat je je herinnert om dit magische wiel er bij te pakken en toe te passen, word je hier bekwamer in. En je zult merken, zelfs de lastigste uitdagingen worden zo steeds leuker, want je kunt steeds meer aan.

En voor nu? In deze fase van integreren en rust is het ook een mooi moment om nog eens terug te kijken naar de afgelegde reis, te reflecteren op wat allemaal is gepasseerd en wat je allemaal hebt ontdekt, geleerd en gedaan, evalueren wat voor jou werkt, of wat niet. En wat je een volgende keer wellicht meer, of minder of anders kan doen.

Het is óók een moment om bovenal even trots te zijn op jezelf. Te oogsten en genieten van de flow.

De cirkel is rond.

- Wat ik heb veranderd, geïmplementeerd of gedaan in fase 8:
  Hoe ging het? Hoe voelde ik me erbij?

- Wat werkte wel? En wat werkte niet?

- Wat ga ik een volgende keer anders doen?
  Of wat meer? Of wat minder?

- Welke successen van deze reis kan ik vieren?

- Wat kan ik nu oogsten?
  En wat is eventuele 'bijvangst' die ik niet had voorzien?

- Wat integreer ik in mezelf, in mijn leven?
  Hoe werkt dat voor mij? Hoe snel pas ik me aan?

- Wat zijn mijn nieuwe goede gewoonten?

- Terugkijkend op deze reis: viel het mee of tegen?

- Terugkijkend op deze reis: ben ik blij dat ik het heb gedaan?
  Ga ik het een volgende keer weer aan?

- Waar geniet ik op dit moment het meest van?

Nog een keer de oefening waarmee we begonnen.

Doe deze weer met je volle aandacht.
Lees weer eerst de instructie en voer het dan uit.

Ga comfortabel zitten, rechtop, in je kracht.

Sluit je ogen en breng je aandacht naar je buik.
Als het je helpt, plaats een hand op je buik om je
aandacht daarheen te verplaatsen.

Voel je in- en uitademing,
het zachte uitzetten en weer ontspannen van je buik.

Adem steeds langer, dieper en langzamer in en uit.

Voel je aanwezig, sterk, comfortabel én ontspannen.

Als je zover bent:

kijk dan naar het model op de volgende pagina,
herhaal langzaam, woord voor woord,
de volgende zin (kan ook in stilte):

I AM

Voel de trilling van de woorden in je lichaam,
laat ze in je resoneren, net zolang totdat je ze echt begint te voelen.

I
A M

Checklist: te overwinnen obstakels

Je kunt de negen punten op de cirkel ook zien als te overwinnen (innerlijke) obstakels op jouw pad:

Punt 9 Kun of wil je niet uit je slaap ontwaken? Of ontwaak je voor even maar kies je ervoor om weer verder te slapen? Dan stopt hier het proces.

Punt 1 Kun of wil je je probleem of situatie niet onder ogen zien? Dan stopt hier het proces.

Punt 2 Kun of wil je er niet bij stilstaan bij wat je werkelijk wilt, waar je werkelijk behoefte aan hebt of wat werkelijk goed is voor jou? Dan stopt hier het proces.

Punt 3 Kun of wil je niet werkelijk eerlijk worden met jezelf; wie je ten diepste bent, wat jou echt ten diepste drijft, wat jouw valkuilen zijn? Dan stopt hier het proces.

Punt 4 Kun of wil je niet loslaten wat jou niet meer dient?
Blijf je gehecht aan – wat je nu weet – dat wat eigenlijk
jouw bron van lijden is?
Dan stopt hier het proces.

Punt 5 Kun of wil je niet rationeel en nuchter uitsluitend de
naakte feiten en realiteit – ook die van de ander – onder
ogen zien?
Dan stopt hier het proces.

Punt 6 Kun of wil je jezelf niet een halt toe roepen, je innerlijke
obstakels ontspannen om werkelijk die andere keuze te
gaan maken?
Dan stopt hier het proces.

Punt 7 Kun of wil je niet jezelf toestaan de nieuwe ruimte
te gaan verkennen, te experimenteren met andere
mogelijkheden?
Dan stopt hier het proces.

Punt 8 Kun of wil je niet jezelf overgeven om de ideeën om te
zetten in actie en het nu daadwerkelijk te gaan doen?
Dan stopt hier het proces.

Punt 9 Kun of wil je niet het nieuwe in jezelf en je leven
integreren?
Dan stopt hier het proces.

Don't stop!

Wil jij dat jouw reis doorgaat?
Dan kun je dit doen:

1. Dit magische wiel *niet* voor deze ene keer gebruiken en dit boek *niet* in een kast wegleggen. Geef het juist een vaste plaats ergens in het zicht. Pak het boek er iedere keer bij wanneer je voor een vraagstuk staat en stel jezelf iedere keer opnieuw de vragen van fase 9, 1, 2 et cetera. Zodra je dit meester bent dan gaat dit op een dag als vanzelf en blijf je je leven lang leren, steeds beter voor jezelf zorgen en groeien.

2. Vind je het lastig om dit proces je in je eentje eigen te maken en kun je wel wat support en training gebruiken? Dan kun je je aansluiten bij de **'I AM THE WORK'** online community; je komt er vanzelf als je de QR-codes in dit boek scant.

Listen to the music

De muziek die bij dit boek voor iedere fase is gemaakt heeft een functie. Het is niet voor niets dat vrijwel iedere spirituele traditie 'werkt' met muziek. Muziek heeft een impact op ons mensen; op onze emoties, onze gedachten, op ons lijf. De trillingen van muziek hebben een impact op onze hersengolven. 'Oefen' iedere fase daarom met de track van die fase. Dan komt er een moment dat alleen al het horen van die track je herinnert en kan helpen in je proces.

Laat je meevoeren op en ondersteunen door de muziek van het magische wiel:

I AM THE WORK by Enneagram Europe © 2024

Auteur: Jeanette van Stijn

ISBN 9789083010366